Comparar insectos

Las casas de los insectos

Charlotte Guillain

Heinemann Library
Chicago, Illinois

www.heinemannraintree.com
Visit our website to find out
more information about
Heinemann-Raintree books.

To order:
☎ Phone 888-454-2279
💻 Visit www.heinemannraintree.com
to browse our catalog and order online.

Edited by Rebecca Rissman and Catherine Veitch
Designed by Joanna Hinton-Malivoire
Picture research by Elizabeth Alexander
Production by Duncan Gilbert and Victoria Fitzgerald
Originated by Heinemann Library
Printed and bound in China by Leo Paper Group
Translation into Spanish by DoubleOPublishing Services

14 13 12 11 10
10 9 8 7 6 5 4 3 2 1

Library of Congress Cataloging-in-Publication Data
Guillain, Charlotte.
   [Bug homes. Spanish]
   Las casas de los insectos / Charlotte Guillain.—1st ed.
      p. cm.—(Comparar insectos)
   Includes bibliographical references and index.
   ISBN 978-1-4329-4325-7 (hc)—ISBN 978-1-4329-4332-5 (pb)
   1. Insects—Juvenile literature. 2. Insects—Habitations—Juvenile
literature. I. Title.
   QL467.2.G856418 2011
   595.7156'4—dc22   2010007337

Acknowledgments
The author and publishers are grateful to the following for permission
to reproduce copyright material: Alamy pp. **11** (© Roger Eritja), **12**
(© Manor Photography), **20** (© Emir Shabashvili), **14** (© cbimages);
Capstone Global Library pp. **18** (Steven Mead), **23 top** (Steven Mead);
Corbis pp. **5** (© Theo Allofs/zefa), **16** (© William Radcliffe/Science Faction);
FLPA p. **17** (© Konrad Wothe/Minden Pictures), Photolibrary pp. **4** (Don
Johnston/All Canada Photos), **7** (Michael Fogden/OSF), **10** (Oxford
Scientific), **8** (Paul Freed/Animals Animals), **9** (David M Dennis/Animals
Animals), **19** (Clarence Styron/age footstock), **15** (Polka Dot Images), **23
middle bottom** (David M Dennis/Animals Animals); Shutterstock pp. **6**
(© Styve Reineck), **13** (© David Lee), **21** (© Florin Tirlea), **22 top left**
(© alle), **22 bottom left** (© Levitskiy Nikolay), **22 top right** (© aaaah),
22 bottom right (© Eric Isselée), **23 bottom** (© Florin Tirlea), **23
middle top** (© David Hughes).

Cover photograph of a beehive reproduced with permission of Shutterstock
(©Subbotina Anna). Back cover photograph of termite hills reproduced
with permission of Shutterstock (© Styve Reineck).

The publishers would like to thank Nancy Harris and Kate Wilson for their
assistance in the preparation of this book.

Every effort has been made to contact copyright holders of any material
reproduced in this book. Any omissions will be rectified in subsequent
printings if notice is given to the publisher.

Contenido

Conoce los insectos

Hay muchos tipos de insectos.

Los insectos viven en muchos tipos de casas.

5

Sobre y bajo la tierra

Algunas termitas construyen casas de barro.

túneles

Las termitas hacen túneles en sus casas.

Algunos ciempiés viven en el suelo.

Las lombrices hacen túneles en
el suelo.

Sobre el agua

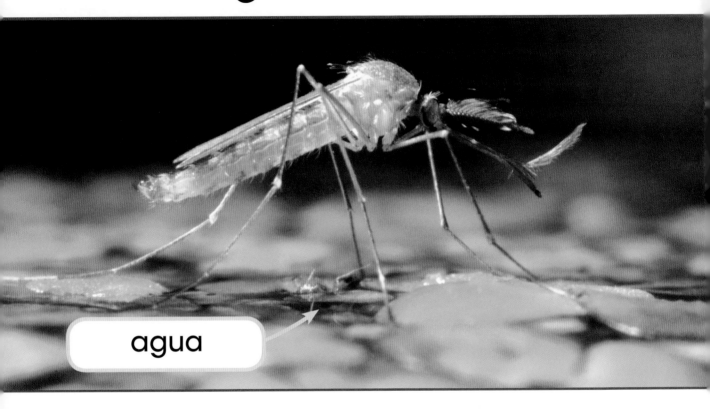

agua

Algunos insectos viven sobre el agua.

huevos

Algunos insectos ponen sus huevos en el agua.

Madera

Muchos insectos viven en la madera.

Muchas cochinillas viven bajo
los troncos.

Plantas

hoja

Algunos insectos viven sobre las hojas.

insecto palo

Algunos insectos viven en árboles y arbustos.

Telarañas y nidos

telaraña

Las arañas hacen redes de la seda.

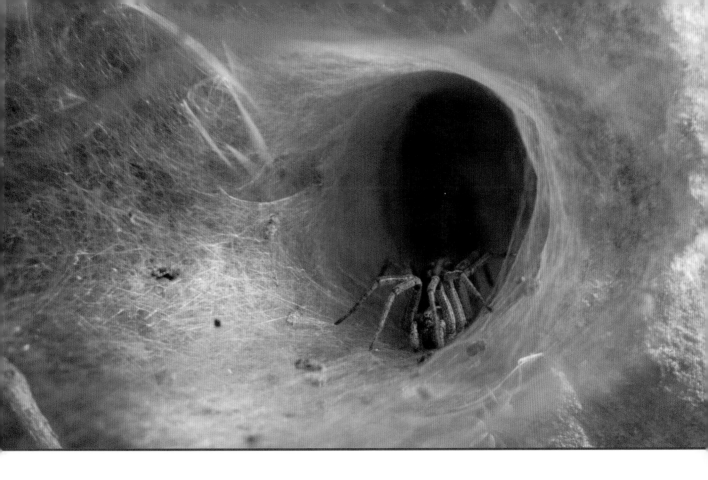

Algunas telarañas son como túneles.

nido

Algunas orugas hacen nidos de la seda.

nido

Algunas avispas hacen nidos de las plantas que comen.

nido

Las abejas hacen nidos de la cera.

Las abejas viven en el nido.

¿De qué tamaño?

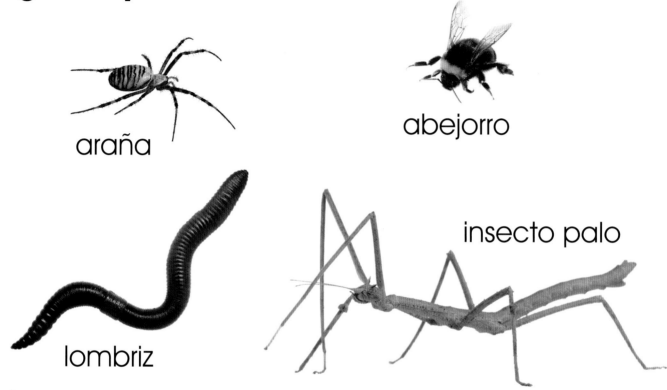

araña

abejorro

insecto palo

lombriz

Observa el tamaño que pueden tener algunos de los insectos presentados en este libro.

Glosario ilustrado

 **seda** material suave y fuerte

 **suelo** primera capa de la tierra en la que pueden crecer las plantas

 **túnel** largo pasillo bajo tierra

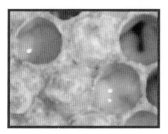 **cera** material amarillo y pegajoso

Índice

Nota a padres y maestros

Antes de leer

Haga junto a los niños una lista de animales que incluya insectos, arácnidos (p. ej., arañas), crustáceos (p. ej. cochinillas), miriápodos (p. ej. ciempiés y milpiés) y lombrices de tierra. Pregunte a los niños si saben dónde viven estos insectos. ¿Qué tipo de casas se construyen los insectos?

Después de leer

• Salga con los niños a buscar telarañas: un buen momento para hacerlo es en una mañana brumosa. ¿Dónde hacen las arañas sus telas? Tome fotografías de las telarañas que encuentren y mírenlas juntos en el pintarrón interactivo. Observen atentamente la estructura de las telarañas. Junto a los niños, intente hacer una telaraña con cordeles en la pared del salón de clases. ¿Es fácil hacerla?

• Lleve a los niños a buscar otros insectos. Ayúdelos a quitar la corteza de los troncos podridos, a mirar bajo las piedras, a buscar lombrices en el suelo o a hallar orugas en las hojas. Dibuje con los niños tablas de conteo para anotar en cuántos lugares diferentes hallaron insectos.

• Lea a los niños *La araña muy ocupada* de Eric Carle.

24